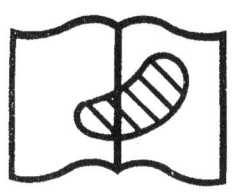

Illisibilité partielle

Contraste insuffisant
NF Z 43-120-14

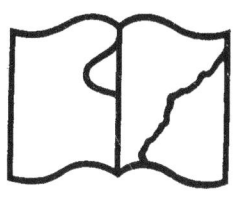

Texte détérioré — reliure défectueuse
NF Z 43-120-11

Valable pour tout ou partie
du document reproduit

Couverture inférieure manquante

Original en couleur
NF Z 43-120-8

IMPRESSIONS DE VOYAGE

DE

PIERRE GASSENDI

DANS LA PROVENCE ALPESTRE

PUBLIÉES

avec Avertissement, Notes et Appendice

PAR

PHILIPPE TAMIZEY DE LARROQUE

DIGNE
IMPRIMERIE CHASPOUL, CONSTANS ET Vᵉ BARBAROUX
7, Place de l'Évêché, 7

1887

IMPRESSIONS DE VOYAGE

DE

PIERRE GASSENDI

DANS LA PROVENCE ALPESTRE

PUBLIÉES

avec Avertissement, Notes et Appendice

PAR

PHILIPPE TAMIZEY DE LARROQUE

DIGNE
IMPRIMERIE CHASPOUL, CONSTANS ET Vᵉ BARBAROUX
7, Place de l'Évêché, 7

1887

Extrait, à cent exemplaires, des *Annales des Basses-Alpes*,
Bulletin de la Société scientifique et littéraire de Digne

IMPRESSIONS DE VOYAGE

DE PIERRE GASSENDI

DANS LA PROVENCE ALPESTRE

PUBLIÉES AVEC AVERTISSEMENT, NOTES ET APPENDICE

par Philippe TAMIZEY DE LARROQUE

AVERTISSEMENT

Parmi les lettres de Gassendi à Peiresc qui nous ont été conservées en trop petit nombre, il en est deux (écrites de Digne, le 20 et le 25 mai 1635) qui ont particulièrement attiré mon attention : elles contiennent le récit très développé et parfois très pittoresque d'une excursion de ce grand savant dans la partie de la Provence aujourd'hui représentée par les départements des Basses-Alpes et du Var. Ces deux lettres, du reste, avaient déjà paru bien remarquables à l'excellent biographe de Gassendi, le P. Bougerel, car il en a donné une analyse étendue (pp. 146-157). Mais, comme la meilleure analyse ne vaut jamais le texte même, surtout quand le texte est de la main d'un écrivain comme Gassendi, j'ai pensé que les amis de l'éminent philosophe ne liraient point sans quelque plaisir les détails que, dans sa prose savoureuse, il fournit tour à tour sur la cascade de Sillans, sur les pétrifications de Villecrose, sur l'aqueduc de Roquetaillade, sur la fontaine salée de Moriez, sur la source intermittente de Colmars, etc. On suivra avec un double intérêt, dans sa petite excursion, le naturaliste et l'archéologue qui, presque aussi curieux que son cher ami Peiresc — l'un et l'autre ne justifient-ils pas cette boutade qui semble d'abord un peu trop paradoxale : *la curiosité est la reine des vertus?* — s'occupe des sujets les plus variés et, pour ainsi dire, applique à toutes choses ses pénétrantes observations.

Aux impressions du voyageur j'ai joint (en appendice) trois de ses lettres inédites, adressées, l'une à François Luillier (19 septembre 1634), les deux autres à Ismaël Boulliau (5 avril 1630 et 20 mars 1653). Mon petit recueil d'aujourd'hui sera, un peu plus tard, complété par la publication, dans un volume de la *Collection de documents inédits sur l'Histoire de France*, de tout ce que j'ai pu retrouver des lettres qu'échangèrent Peiresc et Gassendi (1). Puisse-t-il, d'autre part, être encore mieux complété par une édition prochaine des deux registres in-folio ainsi désignés, sous le n° 1844, dans le catalogue de la collection de lord Ashburnham : *Correspondance autographe et inédite de Gassendi avec les hommes les plus célèbres de son temps!* Auprès de ces registres, d'où jailliraient des révélations sans nombre sur le biographe d'Épicure et sur son groupe, on en remarque plusieurs autres qui contiennent des lettres inédites et divers manuscrits de Peiresc (n°s 1676, 1837, 1838, 1865). Je l'avoue, je ne me résignerai pas à dire mon *Nunc dimittis*, tant que je ne me serai pas abreuvé à ces sources non moins exquises

---

(1) Après de longues recherches, j'ai réuni seulement un peu plus d'une centaine des lettres du premier et une cinquantaine environ des lettres du second.

qu'abondantes, tant que je n'aurai pas joui et fait jouir les *Gassendistes* et les *Peiresciens* des inappréciables trésors qui nous ont été ravis (1) et qui nous seront certainement rendus en un jour de loyal repentir.

PHILIPPE TAMIZEY DE LARROQUE.

I.

Monsieur,

Je ne vous ay point escrit depuis mon despart de Boysgency (2) parce que j'ay depuis tousjours esté en voyage, et ne suis arrivé en ceste ville que dez avant-hier. Je n'y serois pas mesme sitost revenu, sans la necessité de ma presence au jour de la feste d'hier (3), qui est la plus solemnelle que nous ayons dans nostre Église. C'est le seul jour auquel nous portons toutes nos Reliques en procession, y ayant d'ordinaire grand concours de peuple de touts les lieux circonvoisins; or ayant considéré que Monsr nostre Évesque (4) n'estoit point icy pour faire l'office,

---

(1) Voir, dans la *Revue critique d'Histoire et de Littérature* du 1er janvier 1884, un article sur la *Correspondance de Peiresc et les vols de Libri*, par celui qui écrit ces lignes. Voir surtout les divers et si importants mémoires spéciaux publiés par mon cher confrère et ami, M. Léopold Delisle, et cités en ledit article, mémoires qui font autant d'honneur à la science et à la sagacité de l'éminent érudit qu'à son zèle et à son patriotisme.

(2) Autrefois, la localité qui a eu l'honneur de voir naître Peiresc et dont le nom officiel est aujourd'hui *Belgentier* (voir le *Dictionnaire* de Joanne), était appelée tantôt *Boisgency*, tantôt *Beaugencier*. Moréri et, à sa suite, un grand nombre d'auteurs ont adopté cette dernière forme. Peiresc écrivait *Boisgency*, comme Gassendi et la plupart des contemporains.

(3) L'Ascension, en 1635, la fête de Pâques ayant été célébrée le 8 avril; ce sont à peu près les mêmes dates qui reviennent en la présente année (Pâques, le 10 avril, et l'Ascension, le 19 mai).

(4) C'était alors Raphaël de Bollogne. Voir, sur ce prélat, une note des *Quatre lettres inédites de Jacques Gaffarel* (Digne, 1886, p. 8).

et que des aultres dignités l'archediacre n'est point prestre, le sacristain est absent, le cabiscol (1) ne sçait point chanter, et pour les chanoines qu'il en manque quatre, et que des aultres qui demeurent, les uns ne sont point celebrans, les aultres ne le sçavent point faire, et les aultres sont necessaires à des aultres fonctions (2); cella a esté cause que je me suis tousjours proposé d'estre icy à la veille de ceste feste comme n'en pouvant point estre absent sans encourir beaucoup de blasme. Je vous dis cecy par advance afin de m'excuser envers vous, si ayant passé à deux lieues près de Peiresc (3), je n'ay point veu ce lieu-là, estant veritable que j'eusse peu disposer encore d'un demy jour, ny le mauvais païs ny les neiges qui y sont encore à tout le moins aux montagnes ne m'auroient point empesché d'aller. Vous serès sans doubte un peu estonné d'ouïr dire que mon chemin a esté adressé de ce costé là, ne vous en ayant moy dit ny escrit aulcune chose, mais je n'avoys garde de vous en rien dire estant à Aix, ou je vous escrire de Boysgency, parce que je n'y avois pas seulement pensé, ny n'en ay faict le dessein, qu'en chemin faisant aussy bien

---

(1) Du bas-latin, *Capischolus* (voir le *Glossaire* de Du Cange). *Cabiscou* ou mieux *Cabisco* était le nom provençal du chanoine chargé des écoles. Notre illustre et cher Mistral donne cette qualification aux présidents des écoles félibréennes, dont il est lui-même le grand maître, sous le titre de *Capoulié*.

(2) Ne trouve-t-on pas ce défilé plaisant et n'y a-t-il pas une douce malice dans l'énumération de tous ces dignitaires qui ne peuvent ou ne veulent remplir leurs fonctions?

(3) Gassendi écrit ce nom comme son héros l'écrivait lui-même. Bougerel et plusieurs de ses compatriotes ont préféré la forme *Peyresc*. Dans le *Dictionnaire des communes de la France*, on ne s'est pas contenté de changer l'*i* en *y* ; on a encore transformé le *c* final en *q*. Pour ceux de mes lecteurs qui ne sont pas provençaux, je rappellerai que Peiresc est une toute petite commune du canton de Saint-André-de-Méouilles, arrondissement de Castellane, à 54 kilomètres de Digne.

que de voir quelques aultres lieux, dont la cognoiscence et curiosité m'est venue en voyageant.

Je ne m'estoys proprement destiné qu'à voir Nostre-Dame de Grace (1) avec la cascade d'eau de Sillans (2), qui en est à une lieue, et à aller visiter une parente que j'ay à Draguignan à laquelle il y a long-temps que j'avois promis de donner une semaine ; mais comme je me trouvay à Draguignan, je me proposay de mieux employer cette semaine qu'à une seule et simple visite de femme, et me trouvant si proche de Frejus et de Saint-Honnoré de Lerins (3) que j'avois autresfois bien désiré de voir, je me resolus d'aller visiter des lieux si considérables ; estant à Saint-Honnoré je creus que je devois aller à Antibe et m'en revenir par Grasse. En partant de Grasse, au lieu de suivre le droict chemin, je pris une guide (4) pour aller voir l'origine de l'aqueduc de Frejus avec cet admirable ouvrage qu'on appelle Roquetaillade (5). Parvenu à Castellane, je m'apperceus que j'auroys encore justement du temps pour aller voir la fontaine de Colmars (6). Je le fis donc ainsi, et

---

(1) L'église de Notre-Dame-de-Grâce, but de pèlerinage de grande célébrité, est aux environs de Cotignac, chef-lieu de canton de l'arrondissement de Brignoles, à 36 kilomètres de Draguignan. Voir ce que dit Bougerel (p. 146) de cette maison des prêtres de l'Oratoire, située au sommet d'une montagne qu'entouraient des bois.

(2) Sillans (canton de Tavernes, arrondissement de Brignoles) est à 28 kilomètres de Draguignan.

(3) On dit plus souvent : l'île Saint-Honnorat. C'est cette dernière forme que l'on trouve dans Bougerel (p. 152).

(4) N'oublions pas que, selon la remarque de Littré, *Guide*, dans le XVIIe siècle, se disait au féminin, comme le prouvent divers exemples empruntés par le savant philologue à Bossuet, à Chaulieu, à la Fontaine, à Molière, etc.

(5) A cinq lieues de Fréjus, selon l'indication de Bougerel (p. 152). Roquetaillade appartient à la commune de Mons, canton de Fayence, à 33 kilomètres de Draguignan.

(6) Chef-lieu de canton de l'arrondissement de Castellane, à 48 kilomètres de cette ville, à 51 kilomètres de Digne.

tousjours par la grace de Dieu avec un succès le plus heureux du monde ; je l'appelle heureux tant par ce que ça esté tousjours en bonne santé, que parceque je n'ay point eu de mauvais temps, voire quand j'ay eu besoin d'un jour serain parmy cinq ou six nuageux, je l'ay eu, et quand j'ay vouleu estre sur la mer, le calme y est arrivé tout à point après de très grands orages. Mais il ne suffit point de vous dire simplement cecy puisque je m'asseure que vous vous attendez à quelque recit de mes petites adventures.

Je commenceray donc par le phénomène de Sillans, où j'avoys vouleu me rendre de Boisgency avant le coucher du soleil, mais voyant le ciel fort couvert je m'arrestay à Cotignac, où aussy bien il m'eust fallu retourner dez le soir mesme pour y faire mes petites devotions. En la matinée suivante je fus fort diligent à dire la messe, et le prestre qui m'accompagnoit aussy et avant que de partir de là, je veux dire de la montaigne ou Église de Nostre-Dame de Grace je me fis conduire par un de ses pères, qui me dit avoir serieusement pris garde au lever du soleil au temps des equinoxes sur le toict de leur Église. Estant là il me monstra pour le lever equinoctial une des montagnes de l'Esterel, et parce que je recogneus d'ailleurs la montaigne de Pourcieulx, je m'imaginay la situation d'Aix et colligay (1) qu'à ce compte là Aix, Cotignac et Cannes, qui est à une lieue au delà de l'Esterel, seroient en mesme parallele. Ce bon homme là me dict que d'une montaigne qu'il y a là tout contre, et sur le couchant d'esté qu'on appelle Besseillon, on pouvoit descouvrir toutes les principales montaignes de Provence. Je l'en creus facilement pour estre cet endroict là comme le centre du païs, et me proposay que si quelque jour falloit faire ou reformer la

---

(1) C'est-à-dire " je recueillis „ et, par extension, " je conclus de mes observations que.... „ Ce sens du mot *colliger* se trouve souvent dans les auteurs du XVIe siècle, rarement dans ceux du XVIIe.

charte de ceste province, ce pourroit estre là une fort commode station.

Mais pour revenir à Sillans, j'y arrivay sur les huict heures, le ciel estant resserané et l'air le plus calme du monde. Je n'arrestay point au village, mais me fis conduire d'abord vers ceste cheute d'eau, qui en est à une ou deux mousquetades (1), au long d'une vallée qui tire vers le levant et qui commence dez le village. L'eau qui s'y precipite luy arrive du costé du septentrion et c'est l'eau d'une petite rivière (2) qui n'est guieres moindre que Gapeau (3) à Boisgency. Ainsy le rocher escharpé, du hault duquel l'eau tombe, vise assez precisement vers le midy, quoyque les costes, avançant un peu vers la vallée, y fassent une forme de croissant. La cheute s'y fait comme par quatre canaulx, mais fort proches l'un de l'aultre, en telle sorte que toute l'eau est fort réunie dans le bas, et monstre de largeur ou de face quelque six toises, oultre une cascade separée sur l'endroit qui avance du costé d'orient où mesme l'eau bondit et escume davantage pour n'estre point le roc escharpé ni creux à l'esgal du reste. La haulteur du rocher et par consequent de la cheute peult estre de douze ou quinze toises (4), et pris-je garde que d'une grande quantité

---

(1) Bougerel, un peu infidèle en son analyse de ce passage, fait dire à Gassendi (p. 147) : " A deux ou trois portées de mousquet du village. „

(2) Cette petite rivière que Gassendi et Bougerel ne nomment pas est la rivière de la Bresque, qui prend sa source au château de Saint-Jean-de-Bresc, ancien fief des Templiers, érigé en marquisat, avec Fox-Amphoux, en faveur des d'Albert, qui le possédaient conjointement avec la famille de Sigaud. A cette dernière famille appartient M. Louis de Sigaud-Bresc, l'auteur de l'*Armorial des communes de Provence*.

(3) On sait que Peiresc fit construire un aqueduc au moyen duquel les eaux du Gapeau se répandaient dans les magnifiques jardins de sa maison de campagne.

(4) On donne généralement à la chute une hauteur plus considérable (50 mètres).

de pigeons, qui volletaient à l'entour, ils estoient la plus part toutz noirs. L'eau en se precipitant est receue comme dans un lac de largeur ou diametre de quelque cinq ou six cannes, après lesquelles elle est versée par une aultre descente vers la vallée que j'ay dict viser du couchant au levant.

Au reste le lieu est fort inabordable parceque par le hault le lieu est comme marescageux, et d'ailleurs il y a bien du danger de s'approcher trop du bord du precipice, et par le bas il y a l'eau mesme et des rochers avec des arbres et des broussailles qui empeschent extremement d'y voir et considerer toutes choses à plaisir. Quand j'y arrivay, le soleil n'esclairoit point encore la face du rocher, mais sulement une partie du lac du costé du sud-ouest. J'y regarday de divers endroictz, je n'y descouvrys qu'une legere teinture, et confusion de coleurs de l'arc en ciel lorsque je fus au haut du rocher, et du costé du nord-est, ayant le soleil aulcunement à doz et vers la main gauche. J'ay oublyé de vous dire que le brisement et le rejallissement de l'eau qui se precipite d'une telle haulteur dans ledit lac, joint à l'esparpillement qui est faict au long d'une cheute si violente, cause comme une poussière d'eau, ou comme un leger nuage et pluye très deliée dont les gouttelettes imperceptibles m'alloient mouiller et se faisoient après voir, en les regardant du costé du soleil, à plus de dix toises loin. Ce fut donques une impression que le soleil me fit voir en la poussière ou vapeur ou, si vous voulez, fumée qui regnoit sur le dit coin du lac aussi bien que sur tout le reste.

Or quand après je fus descendu au bas, le soleil esclairant desja une partie de la face du rocher avec davantage du lac, je descouvris d'abord une portion d'arc en ciel parfaitement bien peinte, elle finissoit à main gauche, ou d'un costé du couchant à l'endroit du rocher qui estoit un peu au dela de la cheute, et à quelque cinq pieds au dessus du lac et par ainsi plus d'une toise au dessus du niveau de mon œil, à main droite, elle venoit à s'esvanouir dans ledit lac y descendant comme en escharpe de travers la cascade et plus forte poussée du rejaillissement. Je n'avoys point le soleil bien à doz, mais un peu à main droitte.

Je descendys après un peu plus bas, et alors cette portion d'arc s'abaissa d'aultant, et estant monté plus hault, elle s'esleva de mesme. Le Beneficié (1) qui m'accompagnoit grimpa sur un arbre, dont il s'estonna de la voir si hault eslevée à travers la face du rocher et entierement hors du lac; j'y montay aussy pour la voir de mesme (2) et après encore plus hault sur le terrain par lequel on peult descendre du hault du rocher du costé du levant, dont je la vys sur le milieu du rocher, mais tousjours au dessoubz de mon niveau et avec un peu de biaisement en bas du costé de ma main droicte. Je retournay après à l'endroit dont je l'avoys veue la première foys et la recogneus fort sensiblement plus abaissée qu'au commencement, non pas pour la position de mon œil, mais pour l'eslèvement du soleil qui montoit encores vers le midy. Cependant je feis passer et repasser le Beneficier non sans bien de la peine au delà du torrent par lequel le lac se descharge en telle façon qu'il vist le lac ou une partie d'iceluy entre son œil et le soleil, et il me rapporta avec estonnement que de cet endroict là il ne voyoit aulcune chose. Je m'attendoys de l'y faire repasser après midy pour le faire encore plus estonner de quoy de cet endroict là il eust veu quelque chose, et rien de l'endroict dont nous le voyons alors, mais sur les onze heures il survint des nuées qui, avant midy, eurent couvert tout le ciel et nous obligèrent de nous retirer.

Ce fust neantmoins après avoir veu de ce phenomene

---

(1) Bougerel traduit ainsi : *un ecclésiastique*.

(2) Gassendi avait 43 ans au moment où il grimpa sur cet arbre. L'amour de la science lui fit faire des ascensions autrement dangereuses. Il était vraiment de la race de ces curieux à la généreuse imprudence qui, comme Pline le Naturaliste, se sacrifieraient volontiers à leur noble passion.

aultant qu'il en falloit pour colliger que ceste portion d'arc en ciel estoit de mesme nature que celuy que nous voyons communement peint dans les nuées. Que si cet arc icy se trouvoit mutilé à main gauche et du costé du couchant, c'estoit à faulte de matière et pour l'esloignement ou fuite du rocher qui estoit au dos de la vapeur, estant plus que vraysemblable que si du costé du couchant et un peu vers le midy la vapeur et le rocher eussent esté opposés, de mesme j'aurois veu un demi-cercle, dont la partie plus eslevée eust esté l'opposite du soleil, et le costé de ma main gauche biaisant en bas de mesme que celuy que j'avoys à ma main droicte. Et il ne fault point s'estonner si cet arc estoit plus bas que mon œil, parceque non sulement le soleil estoit fort haut, mais mon œil mesme, constrainct par la situation du lieu, se trouvoit plus hault que la vapeur sur laquelle estoit faicte l'impression.

C'est ainsy que parfoys du haut d'une montaigne toute entourée en sa racine des brouillards rapides on a veu (le soleil estant fort approchant du Zenith) non plus l'arc en ciel en demi-cercle, [mais] entier ou grandement approchant et je suis bien trompé si ce n'est Porta, qui, dans le traitté des Meteores, dit d'avoir observé des semblables choses sur les montaignes du Montferrat (1). Et certes icy mesmes je m'apperceus, m'estant advancé le plus que je pouvoys vers le lac et du costé du couchant, et ayant ma main droicte directement au septentrion, que la dicte portion d'une s'estendoit encore beaucoup vers mon doz en telle sorte que si c'eust esté la mesme chose du costé gauche, il y auroit eu là les deux tiers ou les trois cartz d'un cercle,

---

(1) Je suppose que le *Traité des Météores* dont veut parler Gassendi n'est autre chose que l'ouvrage du physicien napolitain (1540-1615) publié sous ce titre : *De aeris transmutationibus libri IV* (Naples, 1609, in-4°). C'est le premier sérieux traité de météorologie que l'on connaisse. Gassendi n'a pas manqué de faire mention de Porta dans cette vie de Peiresc, que l'on peut appeler une petite encyclopédie.

Il ne fault point toutesfois que je dissimule qu'imaginant le cercle entier, je ne m'en voyois point estre comme au centre, parceque l'endroict que j'avoys à ma main droicte estoit beaucoup plus proche de moy que ce qui estoit plus vis à vis de moy, à cause, comme je pensay, de la situation du corps qui faisoit l'opacité au derrière.

Quoy qu'il en soit, je n'observay point ce que M. Guion nous avoit dict, sçavoir est qu'en cet endroict on vid l'arc en ciel avec ses bras ou cornes en hault, mais par aventure l'avoit-il imaginé ainsi, sur ce que s'il avoit veu cette portion du cercle le matin ainsi que moy, il avoit consideré son biaisement de droicte à gauche, et si après midy de gauche à droicte en telle sorte qu'il y mist tousjours un bras pris de bas en hault. En effet si vous parlez à luy, et le priez de s'en souvenir, je suis comme asseuré qu'il ne dira point qu'il ait veu tout à la foys les deux bras de l'arc visant contre mont. Il m'estoit eschappé de la memoire de vous dire que les coleurs de cette portion d'arc rangées de mesme qu'en l'arc en ciel ordinaire y estoint non sulement bien peintes, mais encores qu'à cause de l'agitation de la vapeur causée par la violence de la cheute et du rejallissement de l'eau, elles estoint en un perpetuel ondoyement et en un mouvement aussi vif que vous ayez jamais veu flamme, et voilà pour ce que je vis à Sillans.

Le mesme jour (c'estoit le mecredy neufiesme de ce moys), le ciel s'estant un peu esclaircy sur les troys et quatre heures après midy, il y eust une couronne à l'entour du soleil, laquelle ayant disparu, il en revint un fort leger et presque insensible vestige du costé du midy, un peu avant les six heures, tandis que j'estoys entre Flayolz (1) et Draguignan. Or ce qu'il y eust de considerable, ce fust un espece de parhelie (2) qui y parust tout au niveau et de

---

(1) *Flayos* ou, comme on dit plus souvent, *Flayosc* est une commune du canton de Draguignan, à 8 kilomètres de cette ville.

(2) Existe-t-il beaucoup d'exemples plus anciens de l'emploi en notre langue du mot *parhélie?* Littré ne cite aucun écrivain sous ce mot.

la mesme hauteur que le soleil durant plus de demie heure. Tout le reste de la coronne, qui prenoit de haut en bas par le midy ou à main gauche, ainsy que j'ay dict, imperceptible, mais en cet endroict là c'estoit comme un nœud avec les coleurs de la coronne très vives en telle sorte que qui n'eust point veu le vray soleil à main droicte, il eust pris d'abord ce parhelie pour le soleil mesme, mais paroissant à travers des nuages qui l'eussent rendeu sombre et un peu rougeastre.

Quand je veys la première foys ladicte coronne, j'estoys entre Villecrose (1) et Flayolz. Or de Salernes je m'estoys destourné vers Villecrose pour y voir les grottes dans lesquelles l'eau qui distille d'en hault de toutz les costez faict des petrifications admirables, et pour les figures, et pour la grandeur et pour la diversité je ne vous en entretiendray point, parceque je m'asseure que passant par là vous aurez veu autresfois ce lieu. Je vous diray sulement que parmy un grand nombre de colonnes naturelles bien droictes et haultes, qu'on y void encore simples, doubles, triples, quadruples, et de l'espoisseur du poulce, du bras, de la cuisse, etc., les soldatz et aultres gens y en ont cassé beaucoup, mais en telle sorte qu'on y void encore la partie inferieure plantée, et la superieure suspendue. Or j'y remarquay deux choses assez considerables, l'une que l'inferieur desdictes colonnes paroist annellé à la façon de plusieurs bois qui semblent tesmoigner en cela diverses surcroissances; l'autre que la portion demurée suspendue de quelques-unes de ces colonnes reçoit ces appendices par le moyen de l'eau qui continue d'y fluer. Je pris garde entre aultres à une qui avoit esté triple et dont les deux parties ayant demuré en l'estat de leur recommencement, la troisiesme a desja pris une forme de queue au bout de

---

(1) Villecroze est une commune du canton de Salernes, arrondissement de Draguignan, à 21 kilomètres de cette dernière ville.

laquelle ayant veu une goutte d'eau, j'y mis le doigt et, l'ayant emportée, sentys un peu de creux auquel la dicte goutte avoit esté enchassée ainsi qu'une perle. La figure en estoit à plus près comme je m'en vay la marquer icy au costé.

Il n'est pas à propos que je vous die rien des Antiquitez de Frejus parce qu'ayant vous esté sur le lieu, vous y aurez sans doubte mieux et plus curieusement que moy observé toutes choses, aussy bien qu'à Saint-Honnorat, à Antibe et à Grasse. Sulement parce que je m'imagine que par adventure vous n'aurez point veu un lieu si escarté, et de si difficile abord, qu'est celuy de Roquetaillade, je m'en vay vous dire à peu près comme quoy il est faict. On estoit allé prendre au dessoubs des monts et à cinq lieues de Frejus l'une des sources de Siagne pour en conduire les eaux à Frejus, après les avoir conduictes environ un quartz de lieue au long d'une coste de montaigne qui va du ponent au levant ; il restoit à les conduire par un contour de la mesme montaigne qui a le mesme aspect et en laquelle on void plusieurs vestiges bien insignes de l'aqueduc. On en voit aussy de mesme par les cottez dudit canton où la montaigne a assez de prise et de talu pour les souffrir. La peine pour ceux qui conduisirent cet ouvrage fust sur le milieu dudict contour, qui vise sur le levant, parcequ'ilz rencontrèrent là un roc escarpé d'une haulteur effroyable, car je croy qu'elle est pour le moins de trente ou quarante toises, en telle sorte qu'il n'estoit pas possible de bastir rien à l'entour ; il falloit donc en percer le rocher ou creuser à jour depuis le hault jusques au niveau de l'eau durant soixante-dix ou quatre-vingt pas. Ce fust donc ce qu'ils firent, mais il leur arriva une disgrace ; c'est qu'après avoir crusé au long de cet espace là environ six toises de haulteur et une de largeur, la partie du rocher qui estoit demurée du costé du precipice comme une muraille ou voute s'abattit, soit pour n'avoir assez d'espoisseur, ou assez de continuité, paroissant mesme encore quelques legeres, mais naturelles fentes en ce qui demure. Ilz s'advisèrent donc de tailler de nouveau le rocher plus avant du costé de la montaigne et de faire une ouverture de pareille haulteur et largeur que l'aultre, et c'est cella qui paroist encore aujourd'huy et pour empescher que la bariere du costé du precipice ne s'abbatist encore un coup, ilz laissèrent un arc assez espois vers le milieu de la pierre mesme affin que la barrière demurast par ce moyen attachée au roc qui est fermé du costé de la montaigne; en effet elle y tient fort bien encore aujourd'huy.

J'aurois ensuite à vous entretenir d'une grande quantité de fontaines salées que j'ay veues en mon chemin, ou dont j'ay gousté de l'eau et qui ont esté descouvertes en cez quartiers des montaignes par une espèce de Providence depuis que l'encherissement du sel a privé tout ce pauvre monde du moyen d'en achepter. Mais je me reserve de vous en discourir plus particulierement quand j'auray examiné combien elles sont salées plus les unes que les aultres, vous pouvant sulement dire pour le present que jusques icy j'ay trouvé celle de Moriez (1) la plus salée de toutes, car elle l'est

---

(1) Commune du canton de Saint-André-de-Méouilles, arrondissement de Castellane, à 33 kilomètres de Digne. Bougerel ajoute (p. 155) que l'historien Bouche, dont il cite à ce sujet la *Chorographie de Provence* (liv. VI, chap. VII, p. 35), se trouva avec Gassendi à Moriez et s'associa à ses expériences. Comme il est fort question de Sillans dans le présent document, on me permettra peut-être de reproduire ici une lettre inédite du docte compagnon de Gassendi où figure aussi le nom de cette petite ville.

" Lettre de messire Honoré Bouche, prevost de Saint-Jacques, à M. Antelmi, chanoine de Fréjus, à Fréjus.

" Monsieur, j'ay attendu jusques à maintenant de repondre à vostre lettre du 6 du mois passé affin qu'une trop grande diligence ne vous servit de reproche. Ce n'est pas me satisfaire que de m'avoir marqué les choses que vous m'avez escrites, car ou je n'attendois point de reponse de vous, ou j'esperois quelque chose de plus, mais il n'y a remède d'un bon payement : il se faut contenter ou de foin ou de paille. Mais affin que vous sçachiez pourquoy je vous demanday ces choses, c'est que tous les autheurs sont grandement en peine de sçavoir quelle est cette ville qui, en la Métropole ancienne d'Embrun, est

à un point que je la tiens plus salée cinq ou six fois que l'eau de la mer. En effect les pauvres pour saler leurs grands pesées de potage n'en mettent communement que deux ou trois cueilherées.

J'avoys aussy beaucoup de choses à vous dire de la situation de diverses montaignes qui ont quelque suite et des couches des rochers que j'ay observées en chemin faysant, mais en peu de mots ; il est vray que la plus grande partie des montaignes qui ont quelque suite sont disposées du couchant au levant et que leur endroit coupé en precipice vise le midy et le talu vers le septentrion.

Monsieur, j'en estois parvenu avant-hier jusques icy, croyant que M*r* Robert, frère de Mons*r* nostre sacristain, deubt partir hier pour vous porter ma despesche, mais son despart ayant esté differé et ayant moy creu que j'avoys assez de temps pour achever ma relation, je m'estoys laissé gagner à la paresse; maintenant à l'issue de matines, et comme je m'en alloys dire la messe, on m'est venu advertir du despart de ce porteur dans demie heure. J'ay donc quitté là tout aultre dessein, et m'en suis venu pour vous envoyer

---

appelée *Civitas Solliuniensium*. Ayant pour ce sujet parlé, à Rome, à un des grands hommes du siècle pour la géographie historique, qui a pris à tache de corriger les autheurs qui traitent de ladite géographie [probablement L. Holstenius], après trois jours d'estude sur ceste demande, je n'eus de luy autre reponse sinon qu'il doubtoit si cette ville ne seroit point Sillans ou Fayence et me pria de m'informer si par les antiquités de ces villes on trouveroit quelque chose approchant de la verité, à quoy vous travaillerès un peu plus serieusement en faveur de l'histoire.

" Je suis, Monsieur, vostre, etc. — A Aix, ce 6 juin 1637.

" H. Bouche, prevost. "

(*Bibliothèque Méjanes. Collection Peiresc*, volume II, f° 338. Copie.)

Notons, au risque de contrister les mânes de ce " grand homme du siècle „ que Sillans ni Fayence n'ont jamais appartenu au diocèse ni même à la province d'Embrun, mais bien à l'évêché de Fréjus, qui dépendait de la métropole d'Aix.

cependant cecy et y joindre un mot pour Monsr Luillier (1) qui puisse partir par le prochain ordinaire ; je n'auray pas du temps pour luy rien dire de mon voyage, mais ce sera pour une aultre foys, si ce n'est qu'il vous plaise de joindre ceste lettre à ce que je luy vay escrire à condition qu'il la vous renvoye après l'av 'r leue.

Pour la fontaine de Colmars, que je trouve l'une des plus curieuses et admirables choses que j'aye jamais veues et dont je m'estonne que personne n'ayt jamais rien escrit, je vous diray par ma première ce peu que j'en ay observé.

Cependant, après avoir très humblement baisé les mains à Monsr de Valavez, s'il est à Aix, et à M^r le Baron et à Mad^{me} la Baronne (2), je demure tousjours, Monsieur, votre trez humble et trez affectionné et très obligé serviteur.

GASSEND.

A Digne, ce jour de dimanche XX de may 1635 (3).

II.

Monsieur,

Par celle que je vous escrivys, il y a cinq ou six jours, j'en demeuray, si j'ay bonne mémoire, sur ce que je vous vouloys dire, que la disposition des montaignes qui ont quelque notable longueur, n'est point tousjours du Levant au Couchant. Du lieu dont je vous escrys ceci, j'en ay une tout devant mes yeulx, qui va plustost du Midi au

---

(1) Sur François Luillier, voir *Documents inédits sur Gassendi* (Paris, 1877, pp. 12, 13, 23, etc.).

(2) Claude de Fabri, baron de Rians, fils de Palamède de Fabri, avait épousé, en 1631, Marguerite des Alrics. Voir, sur ce neveu de Peiresc, neveu dont Gassendi eut tant à se plaindre, une note à la page 18 des *Documents inédits*, qui viennent d'être cités.

(3) Bibliothèque d'Inguimbert, à Carpentras. Collection Peiresc, registre LX, tome II, f°s 7-11, Copie.

Septentrion. C'est la montaigne des Dourbes qui est coupée du costé du Couchant et a son talu du costé du Levant. Elle en a au derrière une aultre encore plus haulte disposée de mesme du Midy au Septentrion avec talu de part et d'aultre, mais plus du costé du Levant qui est vers Thorame la basse (1), que du costé du Couchant qui est vers Blégiers (2). J'en ay encores veu d'aultres en divers sens, mais cella n'empesche pas que la plus grande partie de celles que j'ay veues ne soient disposées comme vous l'aviez pensé.

Au reste, entre les deux montaignes dont je vous ay faict mention, j'ay remarqué un vallon où l'on recognoit manifestement l'ouverture d'un rocher qui le traverse avoir esté faicte par la violence de l'eau, qui l'a miné peu à peu, et en la suite de plusieurs siècles. J'ay remarqué la mesme chose en un vallon qui est par deça, et au dessus de Drais (3) et encore en plusieurs aultres lieux, ce qui me confirme d'aultant plus en la creance que les ouvertures des rochers de Saint-Marc (4), de Chante-Perdrix (5), de Sisteron et aultres semblables pourroint bien avoir esté faictes par le cours des rivières qui travailloient à les creuser depuis un si grand nombre d'années.

Cecy me faict souvenir de vous dire que j'ai recouvré et desiré vous envoyer trois ou quatre coquilles petrifiées, qui à mon advis vous seront agreables, parce qu'elles servent à justifier l'opinion que vous avez que telles

---

(1) Thorame-Basse est une commune du canton de Colmars, à 33 kilomètres de Digne.

(2) Blégiers est une commune du canton de la Javie, à 13 kilomètres de Digne.

(3) Aujourd'hui Draix, canton de la Javie, à 13 kilomètres de Digne.

(4) Il s'agit ici de Saint-Marc-la-Morée, dans la banlieue d'Aix, où l'Arc passe à travers une gorge des plus étroites.

(5) Chante-Perdrix, est la trouée faite par la Durance aux rochers qui formaient la clue de Mirabeau, aujourd'hui percée.

pierres ont esté aultresfois des veritables coquilles, soit marines, soit aultres; c'est pour la difference qui y paroist, à tout le moins en deux, de la matière petrifiable dont elles ont esté remplies dans celle qui semble leur avoir esté naturelle, estant l'une blanche et l'aultre noirastre; elles ont esté trouvées icy en la mesme pièce de Monsr Taxil (1) où se trouvent ces pierres estoilées dont je vous ay autrefoys envoyé et porté assez bon nombre de toute grandeur.

Pour la fontaine de Colmars, dont je m'estois reservé de vous dire quelque chose, je ne fus pas plus tost arrivé à la ville, l'avant-veille de l'Ascension, sur les onze heures du matin, que je m'allay faire monstrer le lieu, tandis qu'aussi bien il falloit qu'on m'apportast à diner. Elle est en une pente et face de montaigne qui regarde assez precisement vers le Midy et a au pied la rivière de Verdon avec la ville de l'aultre costé. On l'appelle *Font-Levant*. Je ne sçay si c'est parceque son cours estant en biais semble venir du costé du Levant, ou parce qu'elle se lève et croist si souvent et par des reprises dont il est bien malaisé de deviner la cause.

Il y eust en la compagnie un bon vieillard de notaire qui dit qu'il la falloit appeler font beuvant, parce que l'eau en effect en est très agreable au goust, et j'en voulus faire apporter pour en boire à mon disner. Par parenthese, ce notaire est un homme qui mérite que vous en cognoissiez le nom. C'est un Monsr Gaultier, qui, bien que desja octogenaire, est encore d'une merveilleuse vigueur, car il

---

(1) Est-il question ici du bon chanoine Taxil, dont j'ai eu tant de plaisir à réimprimer, avec le gracieux concours de M. l'abbé Feraud, l'*Oraison funèbre de Gassendi ?* Les pierres étoilées dont parle Gassendi ne sont autre chose que l'élégant *Pentacrinus Tuberculatus*, sur lequel M. Ed.-F. Honnorat a publié, à Digne, en 1883, un savant mémoire in-8°. C'est avec ce fossile que les bijoutiers dignois, nouveaux Benvenuto Cellini, créent les plus ravissants bijoux locaux de France.

grimpoit encores par ses montaignes aussy veritablement que moy. Mais ce n'est pas là ce qui le rend recommandable : c'est l'extrême curiosité qu'il a d'apprendre toutes choses et de les mettre par escript. Comme il est enclavé (1) dans des montaignes et n'a point de correspondance au dehors, il ne peut pas tenir registre de beaucoup de choses estrangeres, mais à tout le moins pour ce qui regarde sa ville, il n'est rien arrivé de considerable depuis cinquante ans qu'il ne l'ait mis sur le papier (2), et pensez-vous, me dirent quelques-uns, vous ne serez pas plus tost sorty d'icy qu'il s'en ira escripre comme quoy vous y avez esté un tel jour et dit telle et telle chose. Parce qu'il m'avoit tenu si bonne compagnie, je vouleus avant que partir l'aller voir dans sa maison et me faire monstrer ses registres, mais ce qui est plus admirable en luy, c'est la memoire dont, en discourant, il cotte les dattes de touts les principaulx evenements. Je vous assure que si en chaque ville il y avoit tousjours un homme de pareille valeur, il ne seroit pas malaisé de faire des bonnes histoires (3).

---

(1) Gassendi a pris ici le mot *enclavé* au sens propre d'*encloué*, comme devait le faire quelques années plus tard Boileau, dans le chant III du *Lutrin*.

(2) Possède-t-on d'autres renseignements sur ce guide si alerte et si obligeant, sur ce chroniqueur si zélé et si scrupuleux ? Il serait curieux de savoir si l'on a conservé dans son pays natal quelque souvenir de sa personne et de sa famille, surtout quelque fragment de son journal.

(3) De la remarque qui couronne cette charmante petite anecdote, je rapprocherai cette phrase de Bernard Palissy (édition Cap., p. 99) : " Pour mieux descrire la vérité, je trouverois bon qu'en chacune ville, il y eust personnes députées pour escrire fidèlement les actes qui ont esté faits... „ Puisque j'ai nommé Palissy, j'annoncerai, au sujet de ce grand artiste et de ce grand écrivain, deux très bonnes nouvelles : une édition splendide de ses œuvres complètes va être donnée par son habile et sympathique biographe, M. Louis Audiat, président de la Société des Archives historiques de la Saintonge et de l'Aunis ; une thèse sur sa vie et ses écrits sera prochainement soutenue devant la Faculté des Lettres de Paris, par M. Ernest Dupuy, professeur de rhétorique

Pour revenir à la fontaine, elle sort en biais, ainsi que j'ay dict, à travers une petite ouverture de rocher, ayant neantmoins son lict meslé d'un peü de sable et gravier noirastre de la mesme nature que sont la terre comme les pierres ou rochers de la montaigne. Quand j'y arrivay, il n'estoit guiere plus d'un demi-quart après onze heures. Ceux qu'y m'y conduisirent me dirent que l'eau venoit de verser, parce qu'ils la recogneurent à son descroissement. Comme il passoit onze heures et demie, ces gents s'estonnoient bien fort de quoi elle tardoit tant de revenir et commençoient desja à faire des comptes *(sic)*, qu'aultres foys Monsr Pellissier de Bollogne (1) disoit d'y avoir esté par un grand froid durant plus de deux heures sans qu'il eust eu le moyen de la voir couler. Enfin à onze heures et demie precisement cette eau vinst et revinst ; un accroissement fort prompt jusques à environ la grosseur de mon bras et après descrenst d'abord assez sensiblement, mais en suitte fort insensiblement jusques à ce qu'il n'en coule plus qu'environ la grosseur de mon petit doigt. Elle creust après, decreust de mesme pour la deuxiesme foys, et après pour la troisiesme, et après pour la quatriesme jusques à

---

au lycée Henri IV, le poëte auquel on doit *les Parques*, le critique auquel on doit *les Grands Maîtres de la littérature russe au XIXe siècle* et *Victor Hugo*. Et, à propos de thèses pour le doctorat ès lettres, c'est bien l'occasion d'annoncer encore qu'il s'en prépare en ce moment deux sur Gassendi, une toute spéciale sur le penseur, par M. Félix Thomas, professeur de philosophie au lycée de Brest, l'autre, où non seulement l'homme, le savant, l'écrivain seront étudiés, mais encore ses amis et ses disciples, en un mot tout son entourage. L'auteur de cette dernière thèse, qui sera d'une grande importance, — je puis en parler *de visu*, — est M. Henri Berr, professeur de rhétorique au lycée de Douai.

(1) Sur ce chanoine de Digne, qui fut l'adversaire de Gassendi, voir les *Documents inédits*, déjà cités plusieurs fois (p. 9) ; voir encore une note à la page 25 de la seconde édition (1882) de l'*Oraison funèbre prononcée par Nicolas Taxil, dans l'église cathédrale de Digne, le 14 novembre 1655.*

ce que ma monstre estant sur le midy, l'eau recommencea de couler pour la cinquiesme foys, et moy je pensay d'en prendre et en aller mesler avec du vin. Aussy tost que j'eus disné, je me desrobay avec mon beneficié et un valet pour retourner sur le lieu afin de considerer mieux toutes choses, desbarrassé de la compagnie que j'y avois auparavant. J'y arrivay sur une heure et demie, tandis que l'eau estoit sur la fin de son descroissement et me randit attantif pour recognoistre le moment auquel commenceroit de croistre. D'abord que je la recogneus, je me mis à compter les battements de mon poux et n'en eus pas compté 45 qu'elle eust creu jusques au plus haut en telle sorte que, comptant la 50me, je commençay d'en recognoistre le sensible descroissement. Continuant après, j'en comptay jusques à 950 avant que l'eau retournast et refey après la mesme expérience jusques à huict fois, c'est-à dire jusques à deux heures et demie ou un peu davantage, mais les intervalles ne furent pas tousjours precisement esgaux, car tantost je comptay 900 battements, tantost 800, tantost 700, tantost plus, tantost moins, mais jamais moins de 700. La quantité de l'eau aussy me sembloit tantost un peu plus grande, tantost un peu moindre et plus grande quand elle mettoit plus de temps à revenir.

On me dit qu'on avoit observé que sur le printemps elle couloit et plus souvent et plus abondamment qu'en aultre saison, mais pour la difference du temps sec et du temps humide, personne ne m'en sceut rien dire. Bien me dit-on qu'il y avoit encore au terroir de Colmars une aultre fontaine qu'on appelle la fontaine Saint-Jean qui, par son abondance, marque la secheresse et stérilité de l'année, aussy bien que ne coulant que peu ou point elle en marque l'humidité et l'abondance. A propos de quoy j'ay appris depuis mon retour en cette ville qu'il y a une source aux Mées (1) qu'on

---

(1) Chef-lieu de canton de l'arrondissement de Digne, à 24 kilomètres de cette ville. Les *Sorgues* de Montfort, près des Mées, sont dans le cas du Tapoulet.

appelle le Tapoulet (si toutes foys j'ay bonne memoire) qui demure quelques foys les deux et troys ans de couler et après deborde parfoys si furieusement qu'elle noye toute la plaine, et qui plus est l'on m'asseure qu'on a observé qu'elle ne coule jamais qu'elle ne marque la stérilité de l'année, en telle sorte que parce qu'elle coule maintenant, l'on a assez mauvaise opinion de la saison à la récolte prochaine,

Pour retourner encore une foys à mes moutons (1), comme je demanday si cette fontaine de Colmars ne descroissoit point quelques foys en telle façon que son petit lict tarit tout à faict, quelques-uns me respondirent qu'ouy ou pour le moins qu'ils avoyent veu qu'à grand peine y demuroit-il quelque goutte ou petite humidité. Quand j'eus veu que, comme avant le disner, cette fontaine avoit coulé quatre foys dans une demie heure, ainsy après dans une heure elle en avoit coulé huict, je commençay de doubter si je ne m'estois point trompé aussy bien que toute la compagnie en l'intervalle de nostre abord, et aurois creu de l'avoir esté, si je n'eusse point eu regardé à ma monstre. Quoy qu'il en soit, je fus bien fasché que partie l'apprehension de la pluye, qui me menaçoit de fort près, partie la necessité de faire encore deux grandes lieues à ce jour là pour pouvoir me rendre icy le lendemain, veille de l'Ascension, à midy, m'obligeoit à quitter les spéculations de cette fontaine, pour ne pas dire qu'estant de retour à la ville, j'y estois attendu par le bon notaire (2), pour m'aller monstrer tant les restes

---

(1) L'emploi de cette gaie locution proverbiale montre que Gassendi apportait dans sa correspondance la bonne humeur qui, selon ses biographes, était un des grands agréments de sa société. On trouvera un nouvel exemple de cette bonne humeur dans les premières lignes de la lettre à Luillier, qui va suivre.

(2) Comment Bougerel, dans son analyse, a-t-il laissé de côté tout ce qui est relatif à ce *bon notaire*, à cette perle des notaires de la vieille Provence ? Ne devait-il pas une mention honorable au *cicerone* de son héros ?

d'une église qu'on avait commencé de bastir depuis l'an 1527 et que Monsieur le Grand Prieur avoit faict demolir afin qu'elle ne peut point servir de forteresse, que le toict entierement abbattu de leur nouvelle église dans la ville par la pesanteur de la neige qui y estoit tombée au moys de fevrier dernier. Mais je me reservay, si je passois l'esté en ce pays cy, de faire encore un voyage de huict jours en ces quartiers là pour observer mieux toutes choses.

Il me resteroit de vous dire quelque chose touchant mes foibles conjectures de la cause de ces reprises et accroissements merveilleux (1), mais voicy Monsr Robert qui, au lieu d'attendre de partir après disner, comme il m'avoit faict esperer, se trouve pressé de partir tout à l'heure mesme, et ainsy m'empesche de vous pouvoir dire aultre chose. J'avois faict dessein particulièrement de vous faire sçavoir comme quoy il n'y avoit point eu d'hyperbole en mon faict quand je vous avois dict que l'eau de Moriez estoit plus salée cinq ou six foys que celle de la mer, parce qu'en effect elle l'est dix ou douze foys dadvantage, voire qu'elle est salée autant qu'eau le peut estre, ainsy que j'ay desja experimenté. Mais ce sera pour une autre foys, n'ayant pas mesme loysir d'escrire un mot à Monsieur Luillier ; je vous supplie d'y suppléer par l'envoye de la presente et me conserver cependant tousjours l'honneur de vos bonnes graces, comme estant tousjours, Monsieur, vostre, etc,

De Digne, ce XXV de may, au matin, 16XXXV (2).

---

(1) Bougerel rappelle (p. 157) que " Gassendi a plus tard expliqué tous ces phénomènes dans sa *Physique* „.

(2) Bibliothèque d'Inguimbert, même registre, f° 11-13, copie.

APPENDICE

I.

Lettre à Luillier (1).

Monsieur mon plus cher amy,

Bien que par mes precedentes je ne vous aye que trop rompu la teste des nouvelles de la Lune, si faut-il qu'encore à ceste fois cy je vous die quelque chose de ce païs là, pour me corriger de quelque opinion que j'en avois eüe, et dont je vous escripvis quelque chose par ma dernière tout en sommeillant. Je croiois d'avoir trouvé quelque chose fort rare et d'estre sur le point de devenir un autre Christophe Colomb, mais depuis j'ay recongneu que je m'estois mesconté, en rencontrant toutes fois une autre particularité dont je ne faictz pas moins d'estat, à telles enseignes que je ne serois point fasché de m'estre trompé encore une foys, si encherissant ainsy par dessus mes

---

(1) Dois-je m'excuser auprès de mes lecteurs, — si toutefois le ciel m'en donne! — de mettre sous leurs yeux une lettre presque entièrement astronomique? Il m'a semblé que, malgré son caractère purement scientifique, cette lettre aurait quelque intérêt, même pour les profanes qui ne s'occupent pas des choses célestes. Sans parler du commencement qui est écrit avec une verve bien spirituelle, on ne verra pas sans curiosité ce que pensait Gassendi, en l'an de grâce 1634, du satellite de notre planète. Il est piquant de rapprocher les aperçus de l'astronome dignois de l'excellent petit livre dans lequel M. Amédée Guillemin a résumé tout ce que l'on sait actuellement sur l'astre cher aux poëtes mélancoliques (*la Lune*, Paris, Hachette, in-18).

propres resveries, je gaignois tousjours tant au change. Pour vous faire comprendre ce que c'est, vous trouverez icy dans un morceau de papier separé le crayon raccourci de deux certaines phases de la lune, qui m'ont bien donné du plaisir. La première fut observée le premier jour de ce mois sur les X heures du soir, et la deuxiesme le XVI sur les VI heures du matin, oultre quelques heures employées devant et apres, pour les considerer et peindre en grand et à l'huyle. Ceste boulette que vous voyez en l'une et en l'autre est la mesme, mais qui ne paroist que comme une blancheur au temps d'entre deux. Or l'ayant veue à la première foys si proche que cela du centre apparent, je ne jugeay point qu'elle deust jamais s'en esloigner davantage, et parce que d'ailleurs j'avois autres fois observé en la pleine lune que le centre n'estoit point là, mais dans cest ombrage que vous voyez à costé droict et en biaisant en bas, cela me feit imaginer que le vray centre demeurant fixe dans ledit ombrage, il falloit que tout l'espace compris entre cet endroit et le dit centre apparent fust la portion de la lune que le soleil esclaire tout à l'entour par dessus la moitié, et qu'il falloit qu'il y eust de la tromperie en nostre veüe, en jugeant qu'il n'y avoit que la moitié du rond de la lune esclairé, lorsque veritablement il y en avoit davantage. Toutes fois comme j'ay depuis recongneu que ceste boulette s'en alloit tousjours esloignant du centre, et que le dit ombrage non seulement reprenoit sa place au temps de la plaineur, mais passoit mesme par delà aux jours ensuyvants, cela m'a faict d'un costé retrancher beaucoup de ce surcroist de lumière, et de l'autre m'a donné coignoissance du progrez que la face apparente de la lune est capable de faire à nostre esgard de droicte à gaulche avec quelque biaisement. Et pour vous expliquer là dessus ma conception, il fault que vous imaginiez que la lune en gros tourne tousjours la mesme face du costé de la terre, et ne tourne point entièrement à l'entour d'elle mesme pour nous faire veoir tanstost le devant tantost le derrière de son corps. Car ces tasches que vous voyez en la première de ces deux phases paroissent tousjours de ce costé là, c'est-à-dire dez qu'elle est nouvelle et jusques après qu'elle est pleine, tandis que nous en voyons d'autres du costé opposé, par exemple celles que vous voyez en la seconde phase, lesquelles continuent d'estre tousjours environ le mesme endroict, dez que les premières disparoissent, pour dire que les mesmes taches ne laissent pas d'envisager tousjours la terre, soit que nous les voyons, soit que nous ne les voyons pas. Mais j'ay dit en gros ou général, parce que veritablement toute ceste face reçoit quelque bransle en apparence qui faict que les parties d'environ le milieu nous semblent très sensiblement changer de place, et toutes les aultres à proportion, bien que le changement ne soit point si fort recongnoissable sur les bordz pour les raisons d'optique que vous sçavez assez. Et par ainsy l'on peut dire que nous perdons de veüe certaines parties de la lune sur le bord vers lequel les taches semblent s'advancer, et en descouvrons par consequent d'autres sur le bord duquel elles semblent s'esloigner. Or je n'ay point encore dict d'où selon mon jugement nous arrive ceste apparence. Il fault donc considerer que lors de la première phase la lune estoit abaissée vers le Tropique du Capricorne, et lors de la seconde, elle estoit eslevée vers le Tropique de l'Escrevisse et mesme aydée en son abbaissement de la latitude méridionale et en son eslèvement de la septentrionale. D'ailleurs lors de la première phase, elle fut principalement observée despuis le Meridien jusques au Couchant, et lors de la seconde, depuis le Levant jusques au Meridien, et diversement aux temps d'entre deux. Comme doncques la Lune est un corps spherique et n'est pas tellement esloignée de la terre qu'elle ne cause une bien grande et sensible paralhaxe, vous entendès assez ce mot, il ne se peult point faire qu'elle s'abbaisse et s'esleve si fort comme j'ay descript sans qu'elle nous monstre le progrez avec le couvrement et descouvrement de certaines de ses parties, soit vers le milieu, soit vers les bordz de la façon que j'ay remarqué. Et voylà quel est mon sentiment plustost que de donner à la Lune une espèce de libration ou mouvement particulier, comme pouvoit faire quelque aultre pour sauver ceste apparence. Il est vray que comme j'ay esté le premier à la descouvrir, et que je n'en ay encore faict que ceste seule observation, j'ay non seulement droict, mais encore quelque necessité de demeurer dans l'Epoche. Si ma conjecture est vraye, il faudra que vers l'equinoxe du printemps, le biaisement que vous recongnoissez icy du bas en hault de face du hault en bas : voire la verifficiation s'en pourra encores mieux faire dans une mesme nuittée de pleine lune, et principalement durant l'hyver lorsque la Lune sera en sa pleineur vers le Tropique de l'Escrevisse. Je ne m'advisay point d'y songer en ceste plenitude dernière, comme ne m'imaginant point encore que la chose fust si recongnoissable, quoiqu'il n'y eust pas trop long temps que discourant de ces choses avec Monsr de Peiresc, nous eussions resvé sur la possibilité et descouvrement de ceste apparence. Au reste vous recongnoissez bien par l'inspection de ces deux phases combien la chose est sensible, la dite boulette s'estant si fort esloignée du centre durant quinze jours, que là où la lumière survenante la prist un jour et un quart après le premier quartier, l'ombre survenante ne la peult atteindre que deux jours passez après le dernier. Mais, pour laisser à part ces spéculations et en adjouster seulement une qui vous confirmera ce que je vous ay aultres foys ou dict ou escript touchant les inesgalitez de la surface de la Lune, considerez, je vous supplie, comme quoy ceste boulette en la premiere phase est esclairée du costé du Levant, la lumière du soleil luy arrivant du costé du Couchant et en la dernière comme quoy elle est esclairée du costé du Couchant, le soleil luy estant au Levant. Qu'est-ce à dire cela autre chose sinon que c'est là une enceinte de haultes montagnes (1) comprenant des plaines ou vallées au fondz à la façon de la Grande Chartreuse, dont nous voyons que les coupeaux occidentaux sont esclairez du soleil levant, tandis que les orientaulx jettent leurs ombres dans les vallées, et les orientaulx au contraire esclairez du soleil couchant, tandis que les occidentaulx sont obscurciz et obscurcissent les vallées de leurs ombres. Pour plus grande preuve je vous ay desja dict que quand la Lune est pleine toute la dicte boulette ne paroist qu'une seule blancheur sans aulcun ombrage. Or ce ne peut estre que parce qu'alors le soleil donne à plein dans la dicte enceinte, ainsy qu'il faict en la Chartreuse dans son midy en plein esté : estant considerable que la dicte boulette ne devient blanche et ne perd sa blancheur que par degrez, c'est à dire à mesure qu'elle perd ou recouvre plus ou moins d'ombres. Et à propos d'ombres, une des belles choses que j'y aye remarquées c'est cet ombrage que vous voyez que ceste boulette jette au dehors d'elle en la seconde phase, en l'advançant vers la grande ombre qui ne l'avoit point encore atteinte et ne se pouvoit faire que dans environ quatre heures. La chose estant d'aultant plus digne de consideration qu'en la première phase vous ne remarquez point d'ombre de ce costé là. Enfin il fault que vous vous imaginiez que si bien ceste boulette là est des plus belles qui soient ou paroissent en la Lune, elle n'est point toutes fois seule ; il y en a un nombre innombrable d'autres, qui toutes font le même effet, je veux dire pour estre esclairées ou en un sens, ou en un autre, et ombragées de mesme, et devenir tousjours de pointz blanchissantz durant la pleineur de la Lune. Il est vray qu'elles ne sont pas toutes

---

(1) *Hautes montagnes* est bien le mot, car deux pics des montagnes lunaires atteignent une hauteur de 7,600 mètres, de beaucoup supérieure, comme on voit, à celle de notre Mont-Blanc (4,818 mètres). Voir Guillemin, p. 69.

rondes de mesme et que d'ailleurs comme il y a de certains ombrages fort longs, il y a aussy des blancheurs semblables, c'est-à-dire des grandes suites de vallées et de montaignes. Montaignes au reste qui doibvent estre et une et deux voire davantage de fois plus haultes que ne sont nos Alpes et nos Pyrénées, pour plusieurs considérations que je ne vous desduiray point pour le present, me suffisant de vous avoir faict prendre garde à ceste grande ombre qui paroist au dos de la boulette en la seconde phase. Je suis regretteux (1) que nostre despesche pour Tubinge (2) ne soit point encore partie, mais il n'y a remede. Encore sera-ce beaucoup si elle n'en attend point une nouvelle, parcequ'il fauldra que j'escripve de nouveau au bon homme Schikard (3) quand Mercure qui doibt commencer de paroistre dans peu de jours aura disparu; par adventure lui feray-je un article de ceste nouvelle descouverte de phenomene, parce que suyvant quelqu'un de ses desseins il en pourra à mon advis tirer des bonnes consequences pour l'esloignement et la grandeur de la Lune. Mais à tout événement il a bien fallu que vous ayiez esté le premier à qui jen aye escript quelque chose. Je m'en vay rescrire un mot à M. de la Mothe (4), qui entre autres

---

(1) Je ne trouve *regretteux* ni dans le *Dictionnaire de Richelet*, ni dans le *Dictionnaire de Trévoux*. Il me semble avoir vu ce vieux mot dans les écrits de saint François de Sales. Gassendi l'avait évidemment emprunté au provençal *regretous*.

(2) C'est Tubingue, dans le Wurtemberg, une des plus célèbres universités de l'Allemagne.

(3) Sur Guillaume Schickard, voir le fascicule VI des *Correspondants de Peiresc*, pp. 36, 38. Citons, de plus, dans la *Bibliothèque critique de Saint-Jore*, tome IV, la lettre XXV, p. 204. Cet ami de Gassendi a été un fort célèbre sélénographe : aussi a-t-on donné son nom à la plus considérable des circonvallations ou cirques de la lune. Voir sur les immenses dimensions du cirque Schickard le livre de M. Guillemin, p. 66.

(4) L'académicien la Mothe-le-Vayer, dont le nom est trop connu pour que la moindre note sur lui soit nécessaire.

choses me donne advis que vous aurez bientost à Paris M. Deodati (1). Je le sçavois desjà par M. Deodati mesmes, et je souhaitte que cela soit, afin qu'il vous ayde à faire tenir mes lettres en Allemagne. Toutes mes recommandations à Messrs du Puy.

Le tout vostre,
GASSEND.

A Aix, ce XIXe de septembre 1634 (2).

---

(1) Le Genèvois Elie Diodati, sur lequel on peut voir une note dans le fascicule V des *Correspondants de Peiresc*, en attendant le fascicule spécial qui lui sera prochainement consacré.

(2) Bibliothèque d'Inguimbert, registre LX, vol. II, fos 3-5. On trouve dans le même volume diverses autres lettres astronomiques de Gassendi. Les lettres latines ont été imprimées. Les lettres françaises sont inédites. Il en est une, adressée à Peiresc, de Bruxelles, le 15 juin 1629, qui roule entièrement sur les parhélies (fo 15, copie). En voici le début : " Monsieur, j'ay veu et considéré tout ce qu'il vous a pleu me marquer si curieusement touchant les parelies arrivées du temps d'Auguste et trouve que vostre sentiment est très bien fondé contre les conjectures de Scaliger. Il ne se peut rien adjouster à ce que vous en dites en vostre seconde lettre. Je vous diray seulement qu'aultresfois j'ay parcouru toutes les Philippiques de Cicéron qui ont esté recitées en ces deux années là 710 et 711 pour voir si j'y trouverois quelque esclaircissement sur ce subject, et que je me souviens bien que je fus fort estonné de ce que ce brave homme n'avoit point prins subject d'en dire quelque chose de particulier. Pour ces parelies qui ont de nouveau paru à Rome, dont il vous a pleu m'envoyer le Scherne et dont il vous plaist me demander mon advis, etc... „ Voir au fo 30 du même volume des instructions autographes de Gassendi du 8 juin 1636, pour des observations célestes : *Mémoire au R. P. Ephren [de Nevers] et au bon F. Alexandre [d'Angoulême], son compagnon, capucins, s'en allant à Seide.* J'avais eu l'intention d'insérer dans cet appendice une lettre fort importante de Gassendi, étant à Aix, à Diodati, étant à Genève (29 août 1634, *ibid.* fo 17, copie), lettre où il est question du *De Veritate* d'Edouard Herbert, baron de Cherbury, des miroirs, des yeux, des veines lactées dans l'homme et dans le chat, des expériences faites par Peiresc et par lui sur le cadavre d'un criminel qui avait été pendu, etc., mais j'ai constaté avec découragement que Bougerel a reproduit (pp. 134-140) les

II.
Lettre à Boulliau.

Monsieur,

Je ne vous fay ce mot que pour accuser la reception de vostre lettre du XXVᵉ du mois passé et vous dire que, Monsieur le Prieur de Romolles (1) devant partir l'un de ces jours pour Paris, je l'ay desja prié de se charger du livre dont Monsieur Wendelin (2) vous a faict venir l'envie. Il s'est trouvé en ma puissance et j'en suis chargé en mon

---

plus intéressants passages de ce remarquable document. Il manque aux extraits du docte oratorien les premières lignes que voici : " Monsieur et trez cher amy, pour response à vostre lettre du XVI de ce mois, j'ay à vous entretenir principalement et briefvement de deux choses, l'une est l'expression de mon sentiment touchant le livre de M. Herbert; l'autre, ce que M. de Peyresc et moy avons observé despuis quelque temps sur les yeux et les veines lactées. Pour le premier chef, je vous diray qu'enfin vaincu de confusion j'avois mis cez jours passez la main à la plume pour escripre à ce brave homme, mais qu'aussy vous avez bien augmenté ma confusion... „ Bougerel a un peu abrégé la lettre de Gassendi, et je ne retrouve pas dans ses citations quelques-unes des plus agréables phrases de l'auteur, notamment celle où il se moque des prétentions du philosophe anglais, fier, dit-il, " comme s'il avait trouvé la febve au gasteau „. La fin de la lettre a été retranchée par les inexorables ciseaux de Bougerel : " Mais à tant est-ce assez pour ce coup. Aymez-moy toujours, je vous prie, qui suis, Monsieur et trez cher amy, vostre, etc „

(1) Sur Denis Guillemin, prieur de Roumoules, voir les fascicules X (p. 8) et XI (p. 28) des *Correspondants de Peiresc*. Voir surtout l'intéressante et excellente étude de M. A. de Lantenay sur *Peiresc, abbé de Guîtres*, publiée présentement dans la *Revue catholique de Bordeaux*.

(2) Je ne citerai sur le géomètre-astronome Godefroi Wendelin (qui fut précepteur en Provence des enfants d'André Arnaud, lieutenant général de la sénéchaussée de Forcalquier) que Gassendi sur Peiresc et Bougerel sur Gassendi, renvoyant mon lecteur aux notes du tome 1ᵉʳ des *Lettres de Peiresc aux frères Dupuy*, qui va prochainement paraître, mais le renvoyant avec beaucoup plus de sécurité à un travail spécial que M. Ch. Ruelens, conservateur des manuscrits de la Bibliothèque royale de Bruxelles, prépare sur son compatriote et qui sera certainement digne des deux érudits.

particulier. C'est pourquoy je me dispenseray de vous l'envoyer d'autant plus librement que j'ay d'ailleurs en vous toute sorte de confiance, ayant oublié de vous en escrire dès la première fois que vous m'en eustes marqué quelque chose, pour n'avoir pas assés pris garde à ce que je devoys respondre quand j'eus la main à la plume. Il me souvient bien d'avoir prié Monsieur Luillier de vous en faire mes excuses (1) et de vous dire que je vous envoyerois le livre par la première commodité, mais pour ce qu'il n'aura par adventure receu ma lettre que desja l'accident arrivé en sa maison (2), il n'aura point aussy eu d'espoir de commerce avec vous pour vous le faire sçavoir. Je ne laisse pas à ceste foys cy de luy escrire et lui envoyer le troisiesme cahier des Memoires que j'ay recueillis de la vie de nostre Makarites (3). A la mienne volonté qu'il soit en estat de recevoir du divertissement, comme j'espère qu'il sera avec l'ayde du bon Dieu !

J'ay une légère douleur de teste qui m'empesche de vous en dire pour le present davantage. Il suffira que je vous

---

Depuis que cette note a été rédigée, M. Léon de Berluc Perussis a inséré, dans le *Journal de Forcalquier* (*), une série de brillants et curieux articles sur *Wendelin en Provence* (31 juillet — 4 septembre 1887). Je m'applaudirai toujours d'avoir provoqué la publication de ces articles remplis d'indications nouvelles et qui nous feront attendre plus patiemment la mise en lumière de l'importante monographie que nous promet M. Ruelens.

(*) Le même journal avait publié précédemment (24 juillet 1887) un article de M. de Larroque lui-même, intitulé : *Wendelin et Forcalquier*. (Note du Comité de rédaction du Bulletin.)

(1) Tallemant des Réaux (*Historiettes*, t. IV, p. 193) rappelle que Luillier était fort lié avec Bouillau, " grand mathématicien „.

(2) Quel accident ? Sans doute la mort de quelque membre de la famille Luillier. En tout cas, ce n'est point du père de François, le procureur général de la Chambre des Comptes, Jérôme Luillier, qu'il s'agit ici, car nous voyons par une lettre de Chapelain à Peiresc du 5 octobre 1633 (tome I, p. 50) que le vieux magistrat venait de mourir quelques jours auparavant.

(3) C'est-à-dire de Peiresc, à la biographie duquel Gassendi travaillait déjà depuis le mois d'août 1637, le lendemain même, en quelque sorte, de la mort de son héros.

supplie de presenter mes recommandations très humbles à Messieurs du Puy et à tout le reste de nos amis et de me croire tousjours, Monsieur, vostre tres humble, obeissant et affectueux serviteur.

GASSEND.

A Aix, ce Ve Apvril MVIXXXIX (1).

III.

*A Monsieur Monsieur Boüilliau
chez Monsieur du Puy à Paris.*

Monsieur et cher amy,

Despuis le temps que mons^r de Valois (2) premièrement, puis vous ensuite m'avez fait esperer que je verrois bien tost ce que vous aviez sur la presse touchant la comete, j'ay esté paresseux à me donner le bien de vous escrire, afin de vous tesmoigner tout d'une venue la joye que j'aurois receue de voir vostre escrit. Voyant maintenant par vostre derniere que vous avez voulu estre un peu trop bon mesnager de ma bourse en m'espargnant le port de ces trois fueilles, et qu'au lieu de me les envoyer par la poste, comme je voudrois bien que vous l'eussiez fait, vous les avez commises à un voyageur estranger, qui venant à ses journées et estant homme à s'arrester en divers lieux pour contenter sa curiosité, ne me les fera tomber en main que bien tard ou peut estre point avant mon despart que je destine tousjours Dieu aidant incontinent après Pasques, voyant, dis-je, cella, je vous fay ces lignes, pour vous dire que d'ailleurs j'ay receu voz lettres et que je vous remercie de tout mon cœur dudit envoy. C'est aussi pour vous tesmoigner le desplaisir que j'ay

---

(1) Bibliothèque nationale, Collection Dupuy, autographe. Je ne retrouve pas dans mes notes l'indication du n° du volume.

(2) Voir sur ce trésorier de Grenoble, astronome-amateur, les *Documents inédits sur Gassendi*, pp. 11-12.

eu de ce que le ciel ne m'a point esté favorable à pouvoir observer l'eclipse de lune qui arriva le XIV de ce mois, apres la minuit. Je m'estois merveilleusement bien adjusté, et M. Bernier, qui est presentement icy avec moy (1) et qui a esté surpris d'apprendre que vous lui eussiez escrit et qu'il n'eust point eu le bien de recevoir voz lettres, sur quoy je croy qu'il vous r'escrira, estoit de la partie, mais hors de l'obscurité de l'air qui nous parust durant l'eclipse totale, nous n'eusmes jamais la faveur de pouvoir dire : la Lune est la plustost que la, telle l'espesseur et la noirceur des nuées estoit grande. Il pleust mesme un peu sur la fin. Je souhaitte de tout mon cœur que vous ayez eu une meilleure fortune. Pour ce qui est de la comete, nous nous en entretiendrons Dieu aidant ensemble apres mon arrivée, et je me resjouis cependant de quoy vous avez trouvé à vous satisfaire touchant la parallaxe. Adieu cependant. Tousjours mes tres humbles recommandations à Monsieur du Puy et à tous noz amis. Je suis tousjours veritablement, Monsieur et cher amy, vostre tres humble et tres affectionné serviteur.

GASSEND.

De Digne, ce XX mars 1653 (2).

---

(1) Voir sur François Bernier, le fidèle disciple et admirateur de Gassendi, les mêmes *Documents, passim*. Bougerel nous apprend (p. 322) que Bernier était en Provence avec Gassendi pendant le premier mois de l'année 1653 et qu'ils partirent ensemble pour Paris, au mois de mai. Il nous apprend encore qu'en février 1650 Gassendi, alors âgé de 59 ans, grimpa, toujours ingambe, sur la plus haute montagne des environs de Toulon, avec Bernier et quelques autres curieux. M. de Lens, dans l'article *Bernier* du *Dictionnaire historique de Maine-et-Loire*, par M. C. Port, n'a pas signalé les observations et ascensions faites par le philosophe angevin en compagnie de Gassendi pendant les années 1650 et 1653.

(2) Autographe. Collection de M. Paul Arbaud, à Aix-en-Provence. Cachet de cire rouge avec étoiles. J'ai maintes fois loué, mais je ne louerai jamais assez l'amabilité avec laquelle M. Arbaud m'a communiqué tout ce qui, dans sa magnifique collection, regarde Peiresc et les amis de ce grand homme.

www.ingramcontent.com/pod-product-compliance
Lightning Source LLC
Chambersburg PA
CBHW060520050426
42451CB00009B/1076